CB010043

MEU FILHO,
MINHA FILHA

Do Autor
por esta Editora:

As Solas do Sol

Cinco Marias

Como no Céu & Livro de Visitas

O Amor Esquece de Começar

CARPINEJAR

MEU FILHO, MINHA FILHA

2ª EDIÇÃO

BERTRAND BRASIL

Capa: Silvana Mattievich
Fotos da capa e contracapa: Renata Stodutto

Editoração: DFL

2007
Impresso no Brasil
Printed in Brazil

Cip-Brasil. Catalogação na fonte
Sindicato Nacional dos Editores de Livros, RJ

C298m 2ª ed.	Carpinejar, 1972- Meu filho, minha filha/Carpinejar. – 2ª ed. – Rio de Janeiro: Bertrand Brasil, 2007. 144p.
	ISBN 978-85-286-1232-5
07-0273	1. Poesia brasileira. I. Título. CDD – 869.91 CDU – 821.134.3 (81)-1

Todos os direitos reservados pela:
EDITORA BERTRAND BRASIL LTDA.
Rua Argentina, 171 – 1º andar – São Cristóvão
20921-380 – Rio de Janeiro – RJ
Tel.: (0XX21) 2585-2070 – Fax: (0XX21) 2585-2087

Atendemos pelo Reembolso Postal.

Para os meus netos

"Sou menos do que uma voz"
Milton Hatoum, *Cinzas do Norte*

MEU FILHO COMIGO

Meu filho, meu filho,
volto a te recolher deitado
no azulejo frio.

Levanto-te com uma braçada
e teu rosto não está marcado,
azul e indeciso.

Não entendo por que
deixas a cama
dos teus três anos.

O que procuras no tapete
verde que não tenha sido limpo?
Estirado como uma flecha, uma cruz,

dormes sem conforto, um peixe
dentro da baleia do corredor,
a espirrar espuma, a respirar

para todos os lados da carne.
O que pretendes me dizer?
Cuidado, filho, o chão alucina.

Meu filho, fala alto,
meu ouvido está no fim,
já não escuto a minha infância,

já não sei pensar com os símbolos,
as metáforas e os sinais.
Alguns amadurecem, a maioria cansa.

Tive que ocupar espaço em mim
mesmo não acreditando.
Tive que me entreter

para não me expor.
Tive que ser o que não lembro
para não doer na volta.

O que procuras no tapete verde
que não tenha sido pisado,
escovado, consumido?

Posso me roubar que o cão não late,
que o pudor não me inibe,
que a esposa não mudará de sono.

Mas não consigo me desvencilhar de tua vigília.
Não há como sufocar o cheiro do pescoço,
da palavra sendo escrita.

Como cessar a lembrança que vem da respiração?
Quisera aplacar o incômodo
de que dependes de minha resposta.

Meu filho, meu filho,
suave e manso filho, de cílios maiores
do que a ponta dos dedos,

busco entender o que me mostras.
Antes de dormir, te beijei na testa
e rezei: "Dorme com os anjos e pede

para os anjos passarem depois em meu sono!"
Levas tudo ao pé da letra, será isso?
Lá estavas deitado diante

do pequeno anjo de ferro
com água benta em seu pórtico.
O mesmo anjo crepuscular

que me benzia na tua idade
com gosto de ferrugem, pneu e terra.
Não te falei em nenhum momento

que dormia um anjo naquela parede
e foste ser companhia
para acalmar seus gritos.

Nenhum adulto o escutava.
O que procuras no tapete verde:
a relva para subir com o orvalho,

a grama para descer com a chuva?
Esticas Deus com a folga de uma praia.
Como se houvesse sobra a puxar

da distância entre os nomes.
Estirado no segredo só teu.
Fazes que oferta? Que promessa de varanda?

Não entendo e não suporto milagres,
passei do tempo de acreditar
onde a luz não bate.

Enfrento câimbras e estalos
para me ajoelhar. Difícil dobrar
meu corpo como o teu pijama,

com as duas mangas a abraçar os botões.
Não há água benta na bacia,
apenas a sede de uma família

que se espalhou por medo.
Cada irmão tem uma dor
que completa a outra.

De repente, deitaste para olhar teus pais,
aproveitando a porta entreaberta.
Eu é que imagino excessivamente,

imagino que me interpelas
enquanto somente dormes.
Imagino o que não cresceu

para compensar o que abandonei.
Meu filho, meu filho, te encontro
de noite com os olhos enfunados, sábios,

não choras de perdido e de fome.
Os cabelos arregalados de espigas.
Não pedes leite, colo, aconchego.

Estás inteiro me reunindo.
É como se me aconselhasses sem falar.
Tu e eu na noite como nunca antes.

És meu filho e o pai que não tive,
ou o filho que ainda não nasceu
e tem o tempo livre para visitar o ventre.

MINHA FILHA SEM MIM

Não sei quando a criança pára
de enxergar anjos ou de cumprimentá-los.
Por uma obediência natural

ao esquecimento, ou só depois?
Para não sofrer com os acidentes do invisível,
já que é demasiado sofrer

com o que se aprende no visível.
Essa é uma resposta que te devo.
Ficamos alguns dias do mês,

as férias, e reparo em teus gestos
para descobrir algo do meu temperamento no teu.
Eu não te eduquei, não te corrigi em seqüência,

sou o pai que vai voltar tarde.

Tudo o que ensino
não tem uma segunda-feira

e uma terça-feira para permanecer.
Esquecemos de continuar, de finalizar
a frase, o assunto e a partitura.

Nossa convivência é feita de inícios,
com a memória diária de que estou ali
e tu estás ali, como duas crianças

regendo uma tempestade.
Te aproximas de mim
a segurar um objeto antigo.

Um objeto antigo que denuncia
a casa que não tiveste. Não descobri
a forma ideal de convivência,

muito menos o que gritar
para chamar tua atenção.
O que desperta tua confiança:

a voz alta ou o sussurro?
O riso contido ou desavergonhado?
O choro de frente ou murmúrio abafado?

Na hora em que me beijas,
viras o rosto lentamente,
a escapar da barba.

Herdaste de tua mãe até o medo da barba.
Herdaste os medos dela com lealdade.
Não herdaste meu medo de não ser compreendido.

Esperas me afastar para limpar meu beijo.
As costas dos teus braços estão sujas de minha boca.
Ergues teu queixo em afronta.

Tento amaciar tua pele, e é tarde,
o vaso de argila está seco, a forma concluída,
a gola apertada como uma saia.

Ameaço que vou te bater.
Com o desequilíbrio, provocas:
— Bate, bate, bate!

Recuo a fivela dos dedos,
recoloco o cinto nos lábios, os freios.
Se revido, sou violento. Se me calo, sou omisso.

Se peço para conversar, sou covarde.
A agressão já foi feita antes de começar.
Como me defender do que nasceu de mim?

Desmoronar tua crença para cuidar da minha?
Devolver as ofensas de tua mãe sem diminuí-la?
Nossa tristeza engana como a terra do deserto.

Das sete cores, lembraremos somente o amarelo.
O amarelo aéreo, o amarelo sobrevoado com ânsia,
de quem não descalçou a areia para pisá-la.

Não há como pedir que entendas a verdade.
A verdade é passar
fome ou frio na linguagem.

Não arrisco, piso leve de madrugada
para conferir se estás coberta.
Com o punho da camisa,

alivio o teu rosto suado,
o suor que ficou em minhas roupas
desde que nasceste.

A paternidade tem um preço,
mas não pode ser descontada nos filhos.
Quando brinco com as crianças

e faço palhaçada, elas se divertem,
menos tu, encabulada pela maneira
como converso de igual para igual.

Tantas vezes ouvi tua vergonha
explicando aos colegas,
com os olhos virados para cima:

"Meu pai é louco".
Louco por quem? Já perguntaste?
Não aceitas meu amor,

entendes o fim das frases.
Não aceitas que não tenha amado tua mãe.
Eu traí a família que criaste.

O que não chegou a ser dito existe,
o que foi dito na hora errada existe,
o que não quiseste dizer existe.

Vivem-se as palavras do jeito
que é permitido viver.
Não sei o que levavas

na mochila. Eu não revisei
teus temas. Não te repreendi,
não me desaprendi por inteiro.

Queria aparar teu cabelo agora,
não deixas para permanecer
igual ao de tua mãe,

Talvez eu não tenha pensado
em muita coisa para te dizer
e afobado disse. Não posso viver

à tua margem sem receber notícias de teu fundo.
Eu não insisti para que comesses frutas.
Eu queria salvar-me do peso

de uma porção de noites
em que não visitei tuas pálpebras,
em que não compareci nos teus ouvidos.

Amar é suportar o que não pode ser visto.
Põe o casaco. As coisas que não aconteceram
não fracassaram, escolheram outros passados.

Não quero cicatrizar.
Enquanto dói, caço o medicamento.
Tuas perguntas não me assustam,

o que me assusta é tua falta de perguntas.
Estarei te devendo uma explicação.
Como a do anjo que não pára

de chegar perto de ti
e que não enxergas,
por obediência natural ao esquecimento.

MEU FILHO COMIGO

Meu filho, meu filho,
Acordas de mau humor.
Demoras a responder.

Não aprendi a assobiar
e a fazer bolas com a boca.
Teu pai foi uma criança

involuntária nos livros.
Não aprendi a pescar
e a fazer pipas.

Teu pai foi uma criança
involuntária nos telhados.
Eu me escondia

para não ser insultado pela vida.
Meus pais brigavam,
a mãe se trancava no quarto

e o pai se trancava no escritório.
Sentava na sala entre os dois aposentos
com pavor de tomar partido.

Assistia ao desenho na tevê
com o batimento cardíaco na garganta.
Meu filho, meu filho, me perguntas:

"Por que as portas têm trincos?"
Para sair, penso e não digo.
Para entrar, minto.

No domingo, tua irmã se despedia
acompanhada da mãe que não é a tua.
Corres para a janela para vê-la no trem.

Gritas seu nome,
disposto a não desistir cedo.
Insistes para que ela volte.

Levantas teu boneco no desespero
e ofereces o brinquedo como sacrifício.
Meu filho, meu filho,

tua bondade me assusta.
É como se eu estivesse na escada
de teu corpo, vulnerável,

esperando os pais atrasados
na saída da escola.
Meu filho, meu filho,

encontras o que fazer
onde está quebrado.
Nada está suficientemente

destruído para ti.
Nem teu pai.
Desembocas os carrinhos

na esteira do som
e eles rodam como um carrossel
sem fim, um disco sem fio.

MINHA FILHA SEM MIM

Corto tuas unhas e reclamas
que aparo muito rente da pele.
Desculpa, tudo o que vivi foi rente à pele.

Falaste cedo, andaste tarde.
Tua pediatra não conheceu tua mãe,
eu e a avó te levávamos.

Abdiquei do trabalho para te cuidar.
Armavas varais de bonecas no pátio.
Pregavas uma por uma nas cercas

ao lado das bergamotas e laranjas.
Batizavas todas as bonecas com o nome da tua mãe,
a numeração romana para diferenciar.

Não deste chance a mais ninguém.
Por que não Gabriela, Fátima, Ana e Maria?
Mas tua obsessão não será maior

do que a minha paternidade.
Não dormias de luz apagada.
Aceso, ficava em teu quarto.

Eu te alfabetizei e foste
me tirando o espaço entre as linhas.
Guarda-me apenas uma fresta.

Não importa o que os adultos falam,
serei o pai da insistência.
Até onde posso ir para te resgatar?

Eu faço a cama com o travesseiro
debaixo das cobertas. Conforta-me a idéia
de que alguém está dormindo.

Preferes que o travesseiro
fique por cima. Abominas a sensação
de que há algum morto em tua cama.

Reclamas do teu pai, como se ele tivesse
condições de se inventar de novo.
Desculpa, corto as palavras

muito rente da pele,
assim como descascava maçã e levava com a faca
uma lasca por vez em tua boca.

Tudo o que vivi foi rente à pele.
Deixei de ser pai e virei a pensão de tua mãe.
Não esqueço o dia em que um oficial de justiça

bateu à minha porta a cobrar
o que já concedia naturalmente.
No papel timbrado, teu nome contra o meu.

O nome que escolhi contra o meu.
O nome que sonhei contra o meu.
Fui teu primeiro réu, sem que tu soubesses.

MEU FILHO COMIGO

Eu me perdi
entre a infância e a infâmia.
Em nossa casa, o portão

de entrada para visitas
e o portão dos fundos
aos familiares.

Ladeava as paredes estreitas
a desaguar no pátio.
Eu me conformei com o atalho

e deixei de me comover com as escadas.
Ter a chave não me garante
o direito de estar em casa.

Um dia é do galo, outro dia é do corvo.
Um dia é da seca, o outro é da enchente.
Um dia é do ódio, o outro é da reconciliação.

Um dia é da fartura, o outro é da escassez.
Esperei a chance de confessar
e passei do momento.

Meu filho, não sejas avaro com as palavras como eu.
Tenta usar as que não têm sentido.
Faze perguntas à toa:

"Por que as frutas e as flores não aparecem juntas
na macieira? "
"Por que a noite fica violeta depois das cigarras?"
Eu te divirto sem querer.

Chupo laranjas e cuspo longe e longe
as sementes. Arde o ácido da casca
na língua, os goles do sol.

O soluço do teu riso perdura,
a água não acalma
e a penumbra não conforta.

Não planejei os filhos, o meu corpo
pediu divórcio do meu corpo
para crescer em separado.

Longe e longe arremessei as sementes.
Não imaginava que fossem voltar
e florescer o bico de um pássaro.

Os pais raspam seus nervos e limo.
Irritam-se com facilidade
se a criança não come,

se a criança não dorme,
se a criança não estuda,
se a criança não quer,

se a criança não pode.
O grito não educa, apressa a despedida.
Quando os filhos adoecem,

os pais se debruçam no berço e na cama,
redimidos, e igualam as horas com a paciência
e a devoção dos poços artesianos.

Ao entrar na creche,
apertas minha perna
com os dois braços e não soltas.

Peço que não soltes,
desejo caminhar
no contorno de teus braços,

na censura de teus braços.
Carrega-me de volta
ao teu nascimento.

MINHA FILHA SEM MIM

Minha filha, minha filha,
a rua de minha infância
quebrou a medula

e não pode mais andar.
É uma cancela, um esqueleto,
uma vassoura na chuva.

Os velhos e as borboletas
pousam nos bancos da praça,
não exageram seus desejos.

O silêncio te perturba.
Não cessas sequer um instante,
acordas falando, reclamando,

atrasada para o café.
És um parto prematuro
descontente por vir cedo.

Reivindicas o parto natural agora.
Ainda vou te gerar, os homens
demoram mais para engravidar.

Negociamos prazos
na maior parte das semanas.
É resolver um seqüestro diariamente.

Eu te extravio, controlo
os ânimos dos familiares,
faço as pazes, entusiasmo minha mulher,

convenço teus avós e teu irmão
a não brigar, pago o resgate,
te abraço com vigor

e te extravio novamente.
Pai separado está sempre
à espera de uma ligação.

MEU FILHO COMIGO

Meu filho, o pássaro voa
sem olhar suas asas.
O pássaro não anda para trás.

O pássaro envaidece a árvore,
mas não a si mesmo. O pássaro
faz o vento pensar enquanto

guarda os pés. Não pensa
pelo vento. Coisa do homem
recuar, trair, fixar memórias

de um jeito que não aconteceu.
Homem voa um pouco
e já quer contar os passos.

MINHA FILHA SEM MIM

Minha filha, não era feriado
para zoológico. Frio, chuva e lama.
Os bichos apequenados pela neblina,

grudados no osso das celas.
Estranharam nossa procissão
de guarda-chuvas. As galerias

intermináveis, as grades,
os baldes com a comida parada.
No meio do horror,

um casal de babuínos se penteava.
O macho limpava a fêmea
com lentidão, generosidade.

Ela de costas, imóvel e confiante.
Ele puxava os fios grisalhos dela,
acalmava o pêlo de floresta.

As palmas brancas, quase avermelhadas,
iam repondo a pele feminina
como quem estende

a toalha de mesa na janela.
Não falei mais nada todo o dia,
por inveja dos animais.

MEU FILHO COMIGO

Meu filho, eu me isolo
em algum lugar que não sou eu.
Não abro a correspondência,

mantenho-me absolutamente calado.
Sentes algo parecido?
Não é solidão, solidão me deixaria inteiro

e sou pela metade.
Ligo o rádio antigo e encosto
os ouvidos no aparelho

como se fosse um cofre.
Colho a senha e o estalo.
Vejo as válvulas acesas,

o sangue verde de luzes,
os fios meticulosamente
dormindo.

Desapareço no ruído.
O rádio é meu autorama.
Brinco de correr vozes.

MINHA FILHA SEM MIM

Minha filha, criei lealdade
estranha aos pertences da casa.
Não consigo me livrar das velharias.

Tenciono trocar e logo mudo de opinião.
Minha cafeteira faz oito anos.
É um mistério se ela vai inundar a pia de manhã.

O liquidificador funciona
com o pedaço de teu brinquedo.
O computador completou uma década.

Os objetos se empenham ao pior.
Quebram pela metade,
deixando-me indeciso com o destino.

Nunca a destruição é perfeita.

Minha tolerância pode ser preguiça.

Ou o medo de ser também substituído.

MEU FILHO COMIGO

Meu filho, tua infância é mais curta.
Não tem a mão mecânica
do armazém da esquina.

No ano-novo, e somente no ano-novo,
minha mãe comprava a conserva de pêssegos.
A lata aparecia na última estante.

Eu me detia naqueles movimentos firmes
do dono com o pegador.
Suas mãos em pernas-de-pau.

MINHA FILHA SEM MIM

Não há tantos terrenos baldios.
Não há tantos pátios ou quintais.
Meus filhos moraram em apartamentos toda a vida.

Não tinham para onde fugir de mim.
Não tinham uma reserva de invisibilidade.
Um canteiro para guardar confidências

e fazer experiências com formigas.
Sempre próximos de uma apreensão,
sempre ao alcance de um chamado antigo,

sempre com vontade de sair mais do que voltar.
Eu já me abastecia de saudade
dos pais dentro de casa.

MEU FILHO COMIGO

Nenhum pai ensina a derrota ao filho.
Não ensinei minhas crianças a perder.
Permito que me ganhem nos jogos

e debochem de que sou ruim.
Cedo o resultado no final
quando seria impossível fracassar.

Chuto a bola na trave,
embaralho-me nas peças,
apago a soma das figuras.

Compadecem do meu despreparo
e não cogitam o enorme talento
que demonstro para errar seguidamente.

MINHA FILHA SEM MIM

Minha filha, quando pequeno
os pais falaram para não incomodar
e gritar longe de casa.

Gritava dentro de um pote
e tampava. Imitava a avó,
que preparava figos em calda.

Conservo os gritos presos
em vidros no assoalho,
com o motivo, a receita

e a data de fabricação.
Uma hora posso abri-los.
Não tenho coragem de fazer sozinho.

MEU FILHO COMIGO

Meu filho, um cavalo baio pastava,
deliciado com a palha solta.
Não há maior alegria

do que não pentear o cabelo.
As patas cresciam para trás
como que cuspindo as ruas.

Ficaste pasmo com o bicho
ileso e majestoso na luz.
A tez queimada e crua da terra

acompanhava o ardor de sua trégua.
Era perfeito, era perfeito o animal
porque não falava.

MINHA FILHA SEM MIM

Minha filha, pôr o pulôver em ti é uma arte.
Puxo com força, já receoso
de raspar teu rosto.

Será que termino ou desisto
e escolho nova roupa?
Naquelas frações de segundos

em que permaneces coberta,
no escuro de estopa,
na solidão do tecido,

sofro com a possibilidade
de tua ausência e enraiveço
de tanto amor desajeitado.

MEU FILHO COMIGO

Vocês foram generosos comigo.
Não me chamaram a atenção
quando contava a mesma história.

Escutavam com ternura
a incansável repetição,
preocupados com a variação dos detalhes.

Alegravam-se com o final previsível.
Não era lapso e velhice,
contava a mesma história

pois não havia outra.
Vivi pouco para não ter
que pensar demais.

MINHA FILHA SEM MIM

Treinei para ser pai.
Queria ser logo pai
para deixar o encargo

de ser filho. O castigo
de ser filho. O trabalho
insalubre de ser filho,

de me explicar a cada
fracasso. Não me importava
com os problemas,

cansava mesmo em repor
as virtudes na ceia de Natal.
Beijar as tias e elogiar o pernil

com farofa. Ser pai veio
como uma aposentadoria
por tempo de serviço.

Não esperava que me devolvesse
a infância quando
não sabia mais brincar.

MEU FILHO COMIGO

Não cuidei de meus dentes.
A vida é minha boca.
Comi chocolate,

fingi escovar,
engoli palavras sujas,
cuspi em desafetos.

Até que um dente apodrece
e delata os outros.
Até que seja necessário

arrancar todos os dentes.
E a língua perde o sentido
desacompanhada.

MINHA FILHA SEM MIM

Minha filha, os insetos
não pousam
em quem se movimenta.

Saíste adolescência
adentro e não paraste
para me abraçar.

MEU FILHO COMIGO

O inferno ficou debaixo da terra.
Como é possível estar no paraíso
sem mexer na horta?

Sem cavar e arrancar os inços,
sem arregaçar as alfaces, sem perseguir
os bichos. Ou soprar os carvões dos tomates.

A salvação depende
mais em mexer na terra
do que subir aos céus.

MINHA FILHA SEM MIM

Demorei a aceitar
uma confiança
que não venha da dor.

Uma confiança que parta da alegria
sem a inveja da alegria alheia.
Uma confiança que não tenha

vergonha de desaparecer.
Uma confiança que abençoe
o próprio engano

e não desfaça mal-entendidos.
Uma confiança que não insista
em mostrar senso, prudência.

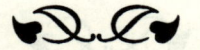

Uma cabra
que salta como um coxo
mas não lhe faltam pernas.

MEU FILHO COMIGO

Procuro meus filhos em seus desenhos,
não nas fotos. Bebo os astros
e as estrelas em desordem.

A infância é bela quando ilegível.
Montam o pêlo da cor,
descansados das bridas e selas.

Os lápis embaralhados, quebrados,
são tocos de vela que acendem
a caverna em todo o rabisco.

Perfuram as rochas com gaiolas
de aves, círculos de faisões,
manada de bois, ursos gigantescos.

A pré-história do homem
está intacta em meus filhos.
As ilustrações festejam a caça

e o plantio selvagem do fogo.
Não ponho nenhuma folha fora,
nem peço que me digam o que vai desenhado.

Dispenso-me do esforço
de identificar o pai e a mãe,
o pai e a mãe ainda não cresceram.

Faço de conta que assisto
a um filme estrangeiro.
Deixo que colem nas paredes do quarto,

duplicando a porta e o espelho.
Reviso com as mãos
as falhas do traço, as farpas do lápis,

as armas levantadas da tribo.
Chego a ouvir a música rupestre,
suas respirações encurraladas pela chuva.

MINHA FILHA SEM MIM

Quando te levava para a escola, a pé,
com a mochila em uma mão e a merenda noutra,
segurava tua mãozinha com um único dedo.

O dedo como uma corda de pipa,
como pulseira de prancha,
como pequena folha ao pássaro.

Não te puxei pelos cabelos.
Não te puxei pela gola da camisa.
Não te puxei pelas orelhas.

Te deixei mais ir do que vir.
Não dependo de toda a mão para te manter perto
de mim.
Me dá a chance de falar e eu te protejo.

MEU FILHO COMIGO

Ao me chamar de pai
estás te chamando.
Não sou eu, apesar de me confundir

e atender na maioria das vezes.
Papai, papai, papai,
três repetições sempre,

sem me deixar tempo para revidar
a primeira e responder a segunda.
Vem como um grito, um giro de leme.

Nunca chega suspirado, soletrado,
ou com as sílabas perdidas entre as linhas.
Pai é meu nome em ti,

fumaça da manhã que emana dos lagos
e cobre as janelas dos automóveis.
Queres dizer uma descoberta para ti,

através de mim, eu apenas ouço.
Pai é teu jeito de não cansar
o próprio nome.

MINHA FILHA SEM MIM

Minha filha não nasceu
para dias de chuva.
Ela se irrita ao viver em roda,

revisar as gavetas,
consultar os livros.
Ela cansa de olhar a janela,

de olhar a porta,
de olhar a conversa,
de simplesmente olhar.

O sol é sua mecha colorida.
Em dias de chuva, minha filha
provoca o irmão, a mãe, a avó, o cachorro.

Em dias de chuva,
não se livrará das obrigações
de arrumar a cama e o armário.

Em dias de chuva,
minha filha não suporta a casa
do tamanho do seu quarto.

MEU FILHO COMIGO

Pensa menos, beija mais.
Peço beijo, ele diz "acabou",
voltará a receber amanhã.

Deus não fez a entrega.
É mãe, é pai, é avó, é tia, é irmã para beijar.
Muita gente e não sobrou.

Ele cola a boca no meu rosto
e prova que seus lábios não se mexem.
"Beijo de novo amanhã."

MINHA FILHA SEM MIM

Os pintassilgos são os únicos carros
que transitam em nossa rua.
Vamos roubar frutas

enquanto a vizinhança dorme.
Sou tua escada mais discreta
e me carregas para abreviar os galhos.

Subimos no breu da amoreira a colher
pretinhas — assim chamamos as amoras.
O portão é um cão dormindo.

Enchemos a borda da camisa
com tantas pálpebras, a lona leve
das pequenas jóias. Corremos

feito loucos pela lomba.
Excitados com a amizade
que o furto oferece.

Ainda guardo tuas camisas manchadas;
tua mãe reclamava das nódoas invencíveis.
O sangue das árvores não sai.

Esforço-me para te lembrar disso.
Pois a amora não tem semente,
como o pai na memória da filha.

MEU FILHO COMIGO

Meu filho enterra os brinquedos
na areia para não achar,
desmancha os castelos,

carrega baldes
de espuma e peixes,
puxa o rabo das ondas,

mija nas dunas,
corre atrás das conchas,
lambuza os beiços de margarina e sal,

aponta aviões e helicópteros,
come terra e se bronzeia de maresia.
Quando concluo que encontrou o significado

de férias e libertou sua alegria,
ele suspira de saudade
da bicicleta amarela.

MINHA FILHA SEM MIM

Que pai não segurou sua filha
recém-nascida com temor,
sem a aptidão do seio,

sem o selo da carne?
Indo para trás, como se os passos
fossem aumentar o corpo,

indo para trás
a formar a concha no colo,
indo para trás

a criar rapidamente cavidade no peito.
O medo de apertá-la forte
e machucá-la ou o medo

de afrouxar e deixá-la cair.
Até para ficar em pé com o filho,
o homem tem que se preparar.

MEU FILHO COMIGO

A praça vazia,
a ventania anda de balanço,
as pombas são mendigos barbudos,

o escorregador está de pernas cruzadas.
Não há crianças para dividir os gritos.
Meu filho sobe na gangorra,

equilibro o outro lado.
Meu braço direito é o irmão
mais velho de sua solidão.

MINHA FILHA SEM MIM

A voz das crianças na sala
me acalma,
mais do que a chuva,

mais do que o rádio,
mais do que a voz de Deus
se ele existisse em nossa freqüência.

A voz das crianças na sala
prova que não fui educado errado
entre castigos e cintos.

Ter razão é de menos.
A última palavra é de quem
cala para ouvir.

MEU FILHO COMIGO

Xalalim, tudo que gosto
com meu filho grito: "Xalalim!"
Xalalim pra cá, Xalalim pra lá

e ninguém entende.
Alguns pensam que é
um lugarejo em Xangai,

outros que é um mágico.
Os avôs não deixam de supor
que é uma loja de brinquedos.

Tampouco eu e meu filho
compreendemos o que significa.
E essa é a melhor parte da história.

MINHA FILHA SEM MIM

Jogava futebol com o meu pátio,
que se excedia nas cobranças de escanteio.
Perdia a bola nos quintais dos vizinhos,

justo o presente de aniversário.
Meu pai exigia respeito,
bater à porta e pedir desculpa.

Não adiantou. Não devolviam.
Insistiam que parasse.
Eu sonhava que se mudassem dali.

Minha liberdade me convidou
a invadir e invadir.
Não coincidia com a deles.

MEU FILHO COMIGO

Meu filho me questiona
quando ficarei velhinho.
"Vai demorar?"

"Vai demorar?"
Ele não tem coragem de falar
sobre a morte. A minha morte.

Nem menciona para não ter
que dividir seu quarto com ela.
Com a morte. A minha morte.

A velhice é onde termino
para meu filho. Como avô.
Pai do pai. Pela ordem das cadeiras.

MINHA FILHA SEM MIM

Eu não me arrisco a voltar
para a infância.
Já foi difícil sair dela uma vez.

MEU FILHO COMIGO

Meu filho, não terminamos
de conversar mesmo dormindo.
Nossas tosses continuam o assunto.

Uma responde à outra.
Uma completa a outra.
São tosses educadas,

que não ofendem a noite.
Somos tremendamente
felizes na doença.

MINHA FILHA SEM MIM

Minhas mãos não são mãos.
Mas pente, quando ajeito teu cabelo
no portão da escola. Mas relógio,

a controlar tuas refeições.
Mas faca, a fatiar o pão na mesa.
Mas gancho, a segurar teu casaco

para que corras no parque. Pai troca
as mãos pelos pés de propósito,
sempre atrasado em comparação à mãe.

MEU FILHO COMIGO

Eu me casei cedo
para defender a mãe
abandonada pelo pai.

Eu me separei cedo
para me aproximar do pai
criticado pela mãe.

Não fiz nada
por mim antes
dos vinte e cinco anos.

MINHA FILHA SEM MIM

Reclamas da estreiteza do guarda-roupa.
Tuas calças deslizam dos cabides.
Tua cama está diminuta como uma janela fechada.

Os pés ultrapassam as cobertas
e brincam de sombras com as paredes.
Desejas colocar uma estante rosa

com os livros da escola.
Não toleras os papéis do irmão na mesa.
Já ensaias a independência, o conflito.

Não há o que fazer. Como regressar
ao tempo unânime
em que pedias colo para dormir?

Teu quarto avança pela sala, pelo banheiro
e dependências. A ambição não será
suavizada com a censura e o castigo.

Empilhas fotos na vidraça,
espalhas as camisetas para provar,
não posso entrar sem bater.

Se comento a mudança,
avisas para cuidar dos meus problemas.
Teu quarto é tua casa crescendo.

Teu apartamento de solteira
caminhando, obcecado,
para fora de minha vida.

MEU FILHO COMIGO

Enquanto os quartos das crianças crescem,
os meus cantos diminuem.
O escritório cederá à soberania da sacada.

Não se terá um aposento para se ler concentrado.
As bolas estarão debaixo do sofá.
A cama será invadida por lâmpadas e sirenes.

A mesa acumula têmperas e riscos.
Minha casa é — progressivamente —
o porta-retrato dos filhos.

MINHA FILHA SEM MIM

Adorava jogar migalhas
para as pombas na praça,
encaracolado de manta e gorro.

Minha mãe abastecia a sacolinha de mercado
com farelos do pão dormido.
Jurava que exercia a bondade de alimentar os
pássaros,

esfacelava o miolo com a música dos pulos.
Tarde reconheci que só fazia
as pombas brigarem entre si.

MEU FILHO COMIGO

Não chama nenhum dos meus filhos
de meio-irmão. Que metade é essa
apartada de sua inteireza?

Qual é o complemento que falta
para que o sangue seja legítimo?
Será bastarda a perna esquerda ou a direita?

Qual é o braço falso? Aponta-me os traços
                         fingidos.
O que fugiu do nascimento para acusá-los
                    de incompletos?
Não noto, na aparência são semelhantes.

Na convivência são semelhantes.
Ambos se debruçam ao prato com igual
indiferença dos dentes.

Ambos recorrem às mesmas
desculpas para não dormir.
Ambos me sufocam de risos quando acordo.

O ventre não se repete.
Não chama nenhum dos meus filhos
de irmão emprestado.

Eu não emprestei, eu dei à vida,
não reclamo de volta.
Não há pai por partes, nem mãe em porções.

MINHA FILHA SEM MIM

Não te culpo pela carência de ordem
e de capricho. Para seguir tua mãe,
trocaste sete vezes de endereço.

Migras de cidades como uma cigana.
Teus brinquedos não resistiram ao excesso
de mudanças e pedem esmola na estante.

Poderia fazer uma agência de casamento
com teus brincos solteiros. Não te despedes
dos amigos, desapareces sem avisar.

Eu te entendo quando tomas o travesseiro
                              do quarto
e repousas os olhos diante da máquina de lavar.
Escorada na parede, as pupilas envidraçadas.

Não há como te afastar da televisão inventada.
Lavas morosamente as dores.
As roupas se afogam, até cansar.

Durante horas, observas a redoma girando:
                    o ciclo delicado
entre voar e nadar, entre a gaivota fugindo e o
                    peixe capturado.
Era teu momento de abrir as mãos e ler o lar.

MEU FILHO COMIGO

Meus filhos nunca entenderam
um pai que não tinha nada a perder.
Um pai que se preocupava

com coisas absurdas
como adivinhar
quem será seu vizinho de túmulo

MINHA FILHA SEM MIM

Buscávamos refúgio no porto do rio Guaíba.
Cada navio era um chapéu atrás da porta.
Sentávamos nas pedras, esperando que algum
          partisse.

O vento perto da água é sempre o da chuva,
histérico com a espuma, anfíbio com os escolhos,
caminhando e nadando ao mesmo tempo.

Acenavas aos marujos, fazendo com que
          acreditassem
que havia uma família desejando seu retorno.
Já nos preparávamos para a ressaca das estrelas
          nas ilhas.

Repartir os sanduíches, mastigar a lonjura
em silêncio, ouvir as aves caindo.
Embrulhava o que sobrava da cidade

para comermos em casa.

Naquele estaleiro, fechado para a visita,
sem parada de ônibus, sem sentinelas

observando, pescava com as unhas, rezando
para que os peixes demorassem a subir,
para que os dias e os amores não

me empurrassem a outro endereço.
Não invejava o inverno, agora percebo,
teus primeiros anos foram nossas férias.

Enquanto estava contigo, não me explicava.
Tudo em seguida é remorso e desculpa.
Teus seios cresceram, os abraços ficaram mais

cuidadosos.

Para mim, tens uma única idade,
a idade de teus cabelos cacheados.
Uma única idade entre todas as que vieram
depois.

Uma única idade, proibida das miudezas
da escola e da residência. Tu não mudas.
Não escuto tuas frases borbulhando a boca.

Não me escondes a agenda. Não desdobro
o envelope do teu lençol. Sou reticente:
aviso que estás em alto-mar a todos que me
perguntam.

Aguardo, chapéu de palha
no gancho de uma âncora.
Nossas lembranças são pressentimentos.

MEU FILHO COMIGO

Toda grande cidade
tem cidades pequenas em si.
São Paulo preserva alguma

São Leopoldo como bairro.
O gato cisca de volta
suas patas, o bazar conhece de cor

seus fregueses, o dono ainda aceita
cheques e palavras pré-datados.
A rotina não deixa de ser uma esperança.

MEUS FILHOS JUNTOS

Penso nos filhos
e sou mais homem.
Não amadureceria por mim,

amadureci para criar meus filhos.
Amadureci porque era jovem
e não podia deixar minha menina sem um pai.

Não poderia me deixar sem um filho.
Perdi minha adolescência,
mas ganhei todas as fases da vida dela.

Amigos amaldiçoavam que era loucura,
que iria estragar meu futuro,
que sacrificaria as festas e o namoro,

anularia as chances de viajar.
Fui pai antes do diploma.
Fui pai antes do casamento.

Fui pai antes de trabalhar.
Mas eu me formei, eu trabalhei
justamente porque era pai.

A cadeira de balanço tornou-se minha cama.
A filha no pescoço, minha manta de inverno,
meu agasalho. O cheiro doce dos cabelos.

Se eu procurar em minha boca, ainda o acho.
Ela não complicou minha vida,
ela resolveu minha vida.

Ela não me retardou,
cumpri finalmente o que adiava.

Tantas vezes chorei

e tantas vezes os filhos comeram
minhas lágrimas com colherinhas,
raspando o sorvete no pote.

Não sou o que vivi. Sou o que ouvi.
Sou suas vozes subindo as escadas,
pulando em minha cama de manhãzinha.

Minha filha me fez pai do meu filho,
quando ele nasceu oito anos depois.
Ponho as franjas deles para o lado esquerdo,

repetindo o gesto que odiava de minha mãe.
E como amo o que odeio.
Há quem se orgulhe das tentativas de suicídio,

das veias barbeadas pela gilete,
das cicatrizes alucinadas pelo ar,
eu me orgulho das queimaduras do leite.

Testava a temperatura das mamadeiras no punho,
eu sou mais homem porque meus punhos não
jorram sangue.
Meu filho na garupa equilibrava

seu peso em meus ouvidos.
Esticava as orelhas como retrovisores.
Eu sou mais homem porque ele me guiava.

Passei a separar a roupa após nascerem.
Criei as gavetas das camisas, dos cueiros,
dos blusões, das calças. Criei as gavetas

das fotos, dos documentos, dos brinquedos,
dos bonecos. Criei as gavetas dos meus joelhos.
Hoje me apanho, sozinho, cortando a carne

em pedacinhos. Como se fosse transportar
para o prato de um dos meus filhos.
Demoro mais na mesa.

Demoro mais para me levantar.
Sou mais homem devagar,
sou mais filho.

MEUS FILHOS SEMPRE

Quando leio meus filhos,
conto as páginas que faltam
para o final do livro.

Por mais que me apresse,
não estarei aqui
para completar a leitura.

Dedico o livro a Daniel Piza, que me ajudou a reconhecer o que poderia mudar e o que deveria permanecer.

Agradeço a leitura de Cíntia Moscovich, Flávio Loureiro Chaves, Márcia Lopes Duarte e Paulo Scott.

Minha lealdade a Rose.

Para Ana, meus olhos fechados para o beijo.

Aos filhos, meus olhos abertos por toda a vida.

Impresso no Brasil pelo
Sistema Cameron da Divisão Gráfica da
DISTRIBUIDORA RECORD DE SERVIÇOS DE IMPRENSA S.A.
Rua Argentina 171 – Rio de Janeiro, RJ – 20921-380 – Tel.: 2585-2000